만인시인선·85

# 꽃나비달

박경화 시집

# 꽃나비달

만인사

# 시인의 말

세상살이에
힘이 되는 것들 중 하나가
시라고 생각한다.

슬픈 나를 울어주고
사람을 벗어나
꽃이나 나비가 되게 해주는
시가 있어 행복하다.

그런 행복을 위해
내가 쓴 시들이 모여 있을
집, 시집 한 채 짓는다.

## 차 례

## 2. 나비

차 례

## 3. 달

차 례

# 1

# 꽃

## 라일락 그늘

그곳에서 오래 울었네 돌아오지 않는 그대와 무너지지 않는 나를 탓하며 어딘가에 부딪혀 흩어지고 싶었네 눈 감으면 소리 없이 덮치는 보랏빛 꽃내음, 마음 짓이기는 그 고요, 내 스무 살 적 젖멍울이 터져 흐르는 슬픔인 것을 몰랐네

# 무한꽃차례

내 몸 가장자리부터
적셔적셔 꽃 피워주던
그대 몸짓 명료히 떠오른 아침
나는 식물도감 펼쳐놓고
꽃들의 생태 익힌다

이제 지친 몸 어디에도
풋내 돋는 입김 말랐지만
오래전 떠난 그대 생각으로
잠시 떨리는 것은
무한이라는 말 속에
아직도 피어나지 못한
비명 혹은 절정 같은 것
남아 있는 탓이다

# 잎사귀 머리핀

바람 부는 오후

깃털 하나가 눈 앞을 떠돈다

언젠가 잃어버린 머리핀 같다

잎사귀 모양의 그 머리핀,

내 인생도 잎사귀 한 잎처럼 붙어 지낼

나무 한 그루 만났으면 좋겠다

# 불두화

어느 쪼그라진 절에서 처음 보았을 적 햅쌀덩이 주먹밥 같은 꽃모양에 군침 돌기도 합디다만 고것이 부처님 혜안과 같아 그리 부른다는 것 듣는 즉시 지체 높은 어르신 대하듯 마음 숙였습지요 오직 흰 꽃잎만으로 오글쪼글 와글와글한 꽃무리 넉넉함에 쪼그라진 절 살림살이 덜 염려스럽기도 했습지요 어쩐 인연으로 한 그루 들이고 보니 애기 스님 젖살도 아니요 대삼작노리개도 아닌 고것이 꽃맵시 밑천 삼아 은근슬쩍 오라 가라 하니 바람난 엉덩짝처럼 들썩들썩 넙신넙신 쓸고 털고 야단입지요 자식새끼 없는 요 계집이사 무엇엔들 곰살궂지 않을까마는요 불두화, 그 허여불룩 해끔한 꽃덩이 앞에서 쥐뿔개뿔 다 치우고 납작 엎드린 몸종 꼴이니 고것이 분명코 천상천하 내 귀물자식이 아니겠습니까요

# 메꽃 연가

나, 한때 꽃이었던가

말라붙은 젖꼭지 꽃 진 자리던가
저물녘 기우는 햇살 끝에
모과 한 알 떨어지고
메마른 자궁 속 둥지 튼
눈물새 한 마리 불러내어
잠들지 못하는 밤, 함께 새가 된다

모과 있던 자리 어루만지듯
처연히 돋는 달

# 함박꽃나무

그녀의 살 속 들어서는 순간
정전이 되었다
우리는 부싯돌처럼
서로 부딪치기 시작했다
몸 어우러지는 자리에
그윽한 산내음과
소리 고운 새울음 들렸다
더욱 격렬한 몸짓 사이
층층이 소름꽃 돋았다
일제히 눈 뜨는 별
우리는 유월 밤하늘 높이
보름달 속에 있었다

# 고백

참나리, 네 잎겨드랑이마다 맺힌 씨앗들과 보름 달빛 거세게 들이켠다 몸속 고이는 네 유심한 눈빛 나, 어느 산 숨어들어 꽃인 양 곰인 양 잠들리라 사나흘 폭풍우에 걸어온 길 무너지고 애타게 부르는 소리 들려도 잠깨지 않으리라 나, 죽도록 꿈꾸는 사이 품 속 마구 파고드는 범나비 떼 날갯짓 소리 그 농밀한 짓거리에 천천히 눈뜨면 숨겨둔 눈물 이슬 되어 발목 적시고 나, 또 천천히 일어나 어둠 속 불씨 같은 첫사랑 꽃불 같은 아이 하나 거두고 싶다고 참나리, 네게는 결코 말하지 않으리라

# 맨드라미 귀

그의 눈빛이 슬쩍
나를 더듬었다

내가 붉어졌던 것일까
귀가 맨드라미 같군
그가 중얼거렸다

꽃핀 귓속을
가볍게 드나들던
그날의 햇살

바람 없는 들판
마음이 흔드는
나뭇가지에 앉아
지저귀던 새들

귓속에서 오래도록
움직이지 않는
그림자

# 꽃은 저마다 벼랑에 서 있다

누가

떠밀지 않아도

때가 되면

제각각 뛰어내린다

절망이 아닌

새로운 부활이다

# 연붉은 그림자

끝날 듯 이어지며
피어오르던 마음 식고
품었던 꽃도 떨어지네

그림자마저 연붉어졌던
석 달 열흘 그 열정

피었다 지는 일 속절없이 아려
지친 몸 추스르고
어디 기대고 싶은 밤

언제 울었는지
줄기 타고 흘러내린 눈물
허옇게 말라있는

백일홍나무, 달빛 받으며
서쪽으로 기울고 있네

# 꽃별 쬐다

담장 껴안고 타오르는 장미꽃무리 붉은 별에 나는 얼굴 쬐며 웃는다 담장은 알고 있을까 가시 품고 뻗어가는 저 꽃, 아도니스 잃은 아프로디테가 흘린 눈물인 것을 웃음 뒤편에 부풀어있는 나의 눈물주머니 속 세상 떠난 네 이름 가시처럼 박혀있고 어릴 적 소꿉놀이하며 너와 놀던 그 자리, 오뉴월 꽃별 아래 함께 꿈꾸었던 신화를 묻으며 소리 없이 너를 불러본다

점점 세게 더 세게
흔들리는 꽃무리

# 찔레꽃처럼 웃는

뒤꿈치 들고
꽃 따는 저 남자
온몸 늘여
별 따는 중이다

가시덤불 속
흰빛 유난히 돋는
별 한 송이, 그의 고백되어
어둠을 휘어잡고
사랑 더 깊은 세상으로
건너갈 것이다

멀리서
찔레꽃처럼 웃고 있는
한 여자

# 꽃무릇 떼

붉은빛, 여린 힘
가느다랗게
사방 뻗쳐 있다

느닷없이 흘러나온
초경에 놀란 소녀들
가을 햇살 움켜쥐고
무리 지어 있다

우리 청춘의 한때가
다시 돌아온 듯
불꽃화관 쓰고
환하게 서 있다

# 후드득, 툭

때 아닌
소나기 온 뒤

온몸 던져
져버린 동백꽃

눈 뜬 채
세상과 멀어지는
봄날 오후

조문처럼 스쳐가는
새의 그림자

잠깐 사이
열렸다 닫힌
붉은 입술

# 중심

토란잎에 빗방울 얹혀 있다

아무것도 아닌
그것 지켜주려고
바람에 흔들리면서도
무게 중심 가누는 토란잎

세상의 축을 잡고 있는 그 마음
누가 알아줄까

# 그 강변 수양버들에게

네게만 속삭였던 말
기억하지 마

한때 네게 기대었던
나를 찾으려고
둘러보지 마

윤슬처럼 무지갯빛 비늘 얻고
네가 닿지 못할 곳으로
영 떠나온 나

천둥 비바람 속
허공 치며 흐느끼던
네 머리칼, 푸른 핏줄기
사방 흩날리고

강물 따라 기어가는
네 뿌리의 숨죽인 울음소리

나는 듣고 있어

거슬러 갈 수 없는 날들
첩첩 저물었으니
이제 그만 울어

# 치자꽃, 빌리 홀리데이

머리에 치자꽃 꽂고
무대 서던 재즈 가수

검은 얼굴 눈망울 속
아프게 맺혀있던 눈물
노래되어 흘러나오고

온몸 적시는 그 목소리는
우울 속에 갇혀 있다가
빛으로 다시 살아난다

흑백 차별 없는 세상으로 떠난
영혼, 빌리 홀리데이*
유월이면 아무도 모르게
치자나무 흔들어 꽃 피우게 하고

우윳빛 꽃송이 모두
그녀를 추모하는

깊은 향 지니고 있다

* 미국의 재즈가수 빌리 홀리데이(Billie Holiday, 1915~1959)

# 봄, 들판

사방천지 눈 녹는 소리
귀가 따가워
문 닫아걸고 숨었더니
어느새 따라와
발등 간질이는
생강나무 꽃향기

다시 나가보니
동박새 날갯짓 소리에
나무마다 한 마디씩
온통 봄 타령

그늘 한 점 없이
온종일 나를 끌어당기는
저 명랑한 기운

# 봄밤

불 켜지 마

저기, 꽃잎들마다
등불 켜들고 있잖아

수천의 꽃잎 떼

다 지나갈 동안

그냥
눈 감고 있어

# 누구보다 그대를 사랑합니다*

떨어진 동백꽃 주우며
아픈 그대를 생각합니다

오랜 병마에 통째로 빼앗긴
그대 청춘은 어디서
푸른 힘줄 세워 노래하는지

함께 거닐던 들판에 서면
내 뼈마디마디 비집고 나오는
눈물은 서쪽 하늘 노을 되고
적막 속 불러보는 이름

주운 동백꽃 품고
한 몸 나무 되어
무한정 꽃 피우고 떨구며
슬픔도 떨칠 수 있다면

꽃 진 자리 상처마다

희망 한 송이씩 꽃으며
해주지 못했던 말 한마디
힘껏 띄워 보냅니다

* 붉은빛 동백꽃의 꽃말

## 마흔 해, 수만 번의 입맞춤

느닷없이 그대에게 끌려
마흔 해를 물고 빨며 늘어졌지만
여전히 알 수 없는 그대 눈빛

날마다 들려오는 희미한 휘파람소리
그대가 흘려보내는 귓속말인지
봄눈 실린 강물의 노래인지 헤매다 보면
어느덧 해는 지고

진부한 사랑의 말들 섞어가며
수만 번 피워대는 입맞춤 고백으로도
여전히 볼 수 없는 그 마음

밤이면 자는 듯 마는 듯 매달려
만지고 흔들어 보는 그대, 詩라는 분
오늘도 알 수 없고

# 돌부처

운주사 와불님
뵈러 갔다가
곤한 잠 깨울까 봐
그냥 돌아오던 길

발에 차이던
돌 하나 주워와
만지작거리며 놀다가
잠든 하루

# 답신

보내주신 꽃씨, 사천 들녘 흙내음입니다

한여름 땡볕 아니어도 마음 텃밭 다소곳이 피어나는 흰 봉선화 꽃잎마다 그리운 이름 얹어두고 잠듭니다 꿈속 누군가의 숨결이 제 속눈썹 건드립니다 무수한 떨림 짓눌러 숨 멈추자 꽃잎 하나 아프게 떠납니다 누군가의 손길 캄캄한 제 가슴 흔들어도 눈뜨지 않습니다 흰 봉선화 꽃물 든 이름 다 질 때까지 열 손톱 밑 하얀 반달 다 스러질 때까지 이 마음 찢어진 틈 보이고 싶지 않습니다

보내주신 꽃씨, 사천 들녘 휘파람소리입니다

# 지나가는 비

누가 하늘을 쳤는가

장대비 쏟아진다

꽃이파리도 다 떨어졌겠다

지금, 울기 좋은 시간이다

# 2

# 나비

# 봄싸락눈날개나비

봄눈 타고
들판으로 날아간다
숨겨둔 슬픔 같은 것
싸락싸락 내버리고
참냉이 쑥 향기로
고픈 배 채우며

봄싸락눈날개나비는
제 몸보다 큰
내 마음 가볍게 싣고
연둣빛 돋는 들판을
종일 날고 있다

# 소리꾼 조공례 씨의 구음

찢어진 입술로
노래한다

저무는 들판 휘돌아나가는 강물처럼
그녀가 노래한다

저 노래 틀어막기 위해 남편은
돌로 그녀의 입을 짓찧었다

흙내음 풀내음 달빛내음 고요한
목울대 치밀어 올리는 유심한 밤

장단 없고, 가사 없는
구음

그녀가 계속 노래한다

# 그녀의 나비

그가 떠난 후
그녀의 수틀 속 꽃밭은
더 꽃 피우지 않는다
자주 수놓던 풀잎과 꽃은
창밖에서 흔들리고
가끔 날아와 노래하던
새도 오지 않는다
그녀의 손길 닿지않는
수틀 안팎 기웃거리며
술렁대는 바람
수틀 속 꽃 위에
머물던 나비 한 마리
빛바랜 날갯짓으로
그 자리를 떠나고 있다
조금, 조금씩

## 정선 소리꾼

아우라지 강가에서
가져온 돌

물살에 씻긴 모서리가
순하다

조그맣게 뚫린 구멍이
깊다

물소리 득음한
소리꾼이다

비가 내리면
정선아라리 구구절절
쏟아진다

# 나비

저물녘, 흰나비 한 마리
내 어깨 사뿐 앉았다 가네
그 잠깐 동안의 고요가
온몸을 뒤흔드네

누가 떠나가는가
흰나비 앉았다 간 아픈 자리에
가만히 손 얹어보네

# 적갈색 고요

포구나무에 기대어 노래하던 이
어깨 위 머물다 가던
흰 구름과 푸른 잎 잊을 수 없네

사랑을 믿지 않으며
사랑에 갇힌
내 허기진 몸속 드나들던
낯선 이의 노래는
가볍고도 싱그러웠네

어둠 걸러내듯 별이 돋고
노래하던 이 떠난
포구나무에 기대어
세상 품고 있는 열매,
적갈색 고요를 바라보네

# 풋감, 떨어진

네 입술에 닿고 싶었다
입술 속 젖은 혓바닥 위에서
숨 막히게 터지고 싶었다
더할 수 없이 잘게
짓씹는 순간마다
처절한 기쁨으로 흐르는 타액
네 속살 깊이깊이 번져
단물 드는 너를 보고 싶었다

그 입술, 첫사랑이여

# 잠자리

도솔암
너럭바위에 앉은
잠자리

몇 겁 떠돌다 온
몸이기에
저리 가볍게
고요할까

回心이다

마음 바꾸듯
몸 바꾸고

어느 하루
맑은 날갯짓 하나로
깜깜 먹먹한 생
번쩍 들어 올리고 싶다

# 반딧불이

적막강산 떠돈다

세상 지름길 버리고
읽던 책 던지고

거친 숲 헤쳐 나가며
떨어지는 별똥 벗 삼아
온몸 반짝인다

안개, 달마저 삼키고
절벽 같은 어둠 속
적막강산 뒤집는다

# 불꽃무늬 상처

함안 무릉산 산행 뒤
일주문 소박한 산사에서
몸을 씻었다

절집에서 불심없이 벗은 탓일까
무심히 퍼부은 물이 너무 뜨거웠다
정신이 번쩍 들었던 그때가
나, 잠시 지워졌던 순간일까

시뻘겋게 데어 부푼 물집들
불꽃무늬라 이름 짓는다
그렇게 여기까지 살았다

이렇게 또 한 시절 저물고
상처를 문지르는 내 손짓,
가을나비 같다

## 쉬는 손

빨랫줄에 널린 고무장갑
물기 말리느라
뒤집어져 있다

평생 식당일 하며
집안 일군 할머니
낮잠 주무시고

비스듬히 서 있는
바지랑대, 할머니 등뼈 휜
세월도 받쳐주었다

# 연애감정

그녀와 나 사이
남모를 텃밭 있어
허구 헌 날 피고 지는
깨꽃 파꽃 눈물 콧물
우스워라 서러워라
밀고 당기며
입질 호미질
무엇을 심으랴
무엇을 거두랴
개코 아무것도 아닌
쭉정이 개털도
어허둥둥 내 새끼
요것이 어디서 왔나
쳐들고 깨물고

# 따스한 시간

저물녘 강가에서
흐르는 물소리 들었네
검보랏빛 반짝이는 입술 풀내음,
몸 숨기지 않고 살 섞으며
물은 저희끼리 어우러졌네
목숨의 끝일지라도
천만년 지옥이라도
가보자고 가보자고
물결 헤집는 신음소리
청청한 달빛 쏟아져
풀잎 쓰러지는 사이
낡은 옷 벗어던지고
물결 속 사라지고 싶었네

# 항아리

고스란히 빗물 삭여두면
생각의 그림자처럼
다녀가는 구름

하늘빛 고운 한낮
도도한 햇살이
무더기로 꽂히는 날은

비워둔 가슴속
눈부신 쓸쓸함에
소리치며 울기도 하고

삶의 먼지 털어주듯
바람이 어깨를 치는 날은
둥근 악기 되어
따스한 노래도 부르고

고이지 않는 시간이

어둠 쏟아붓는 밤이면
항아리 깊숙이 내려와
목 축이는 작은 별들

아무도 모르는
그들만의 달디 단 꿈 위해
나는 가끔
뚜껑 없는 항아리가 되고 싶다

# 매미 오줌

땅에 떨어진
매미 한 마리
나무에 올려준다
수액 빨아먹고
나뭇가지 기어오른다
검고 둥근 눈망울이
나를 본다
말 많은 세상
한껏 울다만 가는
단순함이 경이롭다
천천히 기어오르며
오줌을 싼다
꽁무니에 매달린 물방울,
맑게 살다가는
매미의 말씀이다

# 번개

자객이 다녀갔다

검이 번쩍이는 순간
선 채로 숨진 나무 한 그루

아무도 그 죽음을 모른다

까마귀 울음소리가
나무를 할퀴고 있다

# 그대에게 묻는다

어둠 뒤편에
더 환한 세상이 있다며
바람은 신고 다니던
나뭇잎 한 장
툭, 떨구고

해마다
첫눈만 받아 삭혀두는
캄캄한 몸속 어디쯤
숨어있을 눈부심은
끝내 긷지 못한 채

누군가
나를 당겼다 던질 때
잠시 보이는 길
그 길 따라

움켜쥔 것들

하나씩 버리며 기어오르는
나는
누구의 두레박인가

## 나이

매일 다니는 길
다시 걸어도
지나간 내 발자국
찾지 못하고

나서지 않아도
이미 와 있는 곳
누가 만들었는지 모를
푸르고 검은 길

버리지 못하는
한 묶음의 숫자를
거부하지 못한 채

짐짝 아닌 짐짝
무게도 없는 그것
짊어진 나

# 능선을 바라보다

첩첩 능선
하늘 끝

내 몸 지치도록 다가가
닿을 듯했던 그대 마음

바람 거세게 지나간 적막 속
은빛 차가운 귀 세우면

어디 아늑한 곳으로
가고 있는 그대 발자국 소리

구름 한 점
느릿느릿 저물녘
산 넘고 있다

## 죽은 벌 옮기는 개미 떼

검은 상여꾼들
곡소리 만장도 없이
숨겨두고 뜯어먹을
양식 메고 간다

숙연한 침묵 행렬에
내가 잠시 비켜서서
눈길 보태는 것은
먹고사는 일에 대한
진심 어린 경의다

# 봄산

굶주린 귀신들
나를 뜯어먹고 있다
찢어지는 살갗
불거지는 뼈마디
튀는 살점 노리는 눈빛
피와 절망 엉켜 흐르고
뒤척일수록 깊어지는
온몸의 이빨자국
나는 곧 퍼렇게 독이 올라
까무러치고 말 것이다

## 시월의 햇살 앞에

가을걷이에 나선 그대의 입김, 그 온유한 반짝임이 저를 힘들게 합니다 빈 손, 빈 몸이 부끄러워 그늘진 곳 찾아가면 거기서도 당신은 무언가 거두고 있습니다 단단한 열매 하나로 나서지 못하는 제게 더욱 따스한 손길 주시는 당신의 마음 어찌 모르겠습니까 노을에 젖은 나뭇잎들과 먼 길 떠나는 새들 배웅하는 당신의 뜨거운 눈빛이 없다면 누구도 겨울을 견딜 수 없을 것입니다 해마다 소리 낼 수 없는 슬픔만을 바치는 제게 또다시 색색의 꽃씨 쥐어주시는 당신, 이제 그만 저를 외면하셔도 됩니다 영영 버리셔도 됩니다

## 블로그 산책

그의 블로그에 들어서자 연둣빛 숲이 펼쳐졌다 눈부신 고요 속 줄지어 선 나무들은 본 적 없는 글꽃 피워놓고제각각 골똘하다 들어설수록 깊어지는 숲, 발자국 없는 곳으로 그가 앞서가며 길을 내고 있다 험한 돌 치우며 낙엽 걷어낸 자리마다 벌레들 숨 쉬고 햇살도 고이듯 그가 다듬어가는 길, 시들지 않는 글꽃은 환한 이정표 되어 또 다른 걸음 이끌고 산책하는 동안 세상일 잊은 채 공감의 마음 한 자락 댓글 창에 머문다

## 싸락눈

산길 앞서가던 발자국 놓치고
잠시 길을 잃었다

마침 내리던 싸락눈은
온 산 고요히 두드리며
갈 길 재촉하고

그를 찾아 한참 허둥대는 동안
멀리서 들려오던
그의 컹컹 짖는 소리가
싸락눈보다 더 깊이
나를 두드렸다

잠시 허공에 길이 걸리고
꼬리 치며 달려오는 그가 보였다

# 대금산조

댓잎 시퍼런 소리

눈 감고 따라간다

흩어지고 모이며

거칠고도 여리게

벼랑마다 꽃 피는 숨결

댓닢에 부서지는 달빛

허튼가락에

천지가 젖고 있다

# 첫눈

순결한 척
해마다 내숭 떠는 너
지나온 시간 모두
숯검정 검정이라도
너는 언제나 눈부시다
보이지 않는 상처에
더 오래 머물며
어둠을 누르는 힘
들끓던 숨소리 낮아지고
잠시 여린 짐승 되어
서로 핥아주는 사람들
네 순결 그 내숭은
누구도 외면 못할
어여쁜 고통이다

# 3

# 달

# 달

아득한 곳
시름없이 떠 있는
빈 배처럼

노래하다 멈춘
음유시인처럼

고요 속 깊은
눈빛으로

가난한 사람들의 밤길
함께하는 그대

# 마음속 별 하나

오늘 밤안개는
숯덩이 나를 안아주리라
흐려진 길 더듬어 가면
안개 걷히는 어디쯤
편히 잠들 집 있으리
마음속 부싯돌 챙기며
어둠을 헤집는다
돌아보면 비루먹은 개 마냥
가난에 쫓기고 엎어져
어느 구석이나 진물 나고
노동의 발목 시리기만 하다
치욕적인 슬픔 속에서도
싹 트는 꿈 위해
마음속에 별 하나 새기며
걷는 길, 안개가 짙을수록
내일은 더욱 맑으리

## 둥글고 환한

눈 내린다
봄날 떠난 누이
푸솜 같던 몸 덮어주던
흰 꽃잎처럼
탱자나무 무정한 가시에도
눈 쌓인다

만상이 둥글고 환해지는 시간
혼자 걷는 산길
비탈마저 눈부시다

온몸 눈꽃덩이 되어
숨 막히게 반짝이는
적막 속
오래 갇히고 싶다

# 토란잎에 쓰다

너처럼 사는 것이다

마음 한 자락 큼직이 펼쳐놓고
내리는 폭우 고스란히 받아
구슬로 흩트리며

지나가는 바람과 오래
건들대더라도, 꽃은
함부로 피우지 않는 법이다

싱거운 듯 밋밋하게
그러나 땅 속 알뿌리처럼
속 깊이 여무는 것이다

## 지붕 위에 앉아

이곳은 저물녘 구름이 지나가는 언덕, 자주 올라와 흘러가는 것들의 숨겨진 발 찾아보곤 한다 가는 곳마다 발자국 만들고 그 속에 갇혀 길 헤매기도 하는 사람들 구름은 담담히 한 세상 건너가며 내 마음 뾰족한 모서리 조금씩 다듬어준다 잡힐 듯 피었다 지는 생각의 무늬들은 구름이 남긴 발자국일까 별들이 천천히 걸어 나오고 따스함이 알맞게 출렁이는 저물녘, 나는 흘러가는 것들의 보이지 않는 발을 위해 옥양목 버선 깁는다

## 흐르는 풍경에 젖다

함부로 흩어지지 않는 강물
보채는 잔물결 업고
무엇도 거스르지 않으며
맞부딪히는 것들
물길 열어
내 꿈 일깨워 주고

가볍게 날개 펴서
잠시 젖었다 날아가는
물새들 긴 그림자

강변에 서서
지나온 길 돌아보며
흐르는 풍경에 젖는다

# 나는 아무것도 아니다

나는 은행나무라 불리며
가을 햇살에 지져지고 있다
누런 고름딱지 뜯어내며
몸서리치는 내게
황금빛 찬란히 물들었다고
눈빛 건네는 사람들
어리숙한 짐승들이여,
나는 아무것도 아니다
내 한 시절 여물다 무참히
떨어져 으깨지고 냄새 나도
꼿꼿이 몸 세우고
거짓 얼굴로 바라볼 뿐
나는 어떤 깨달음도 얻지 못했다
그저 서 있을 뿐이다

# 연근을 먹다

묻지 않겠다
네 슬픔의 출구에 대해

오래 빨아올린 젖은 암흑에 대해
마침내 게워낸
그 눈부신 고통에 대해
묻지 않겠다

젓가락 든 손이 떨린다
하고 싶은 말 삼킨다

삶이란 숭숭 뚫린 구멍이다

빠져나간 네 눈물에 대해
묻지 않겠다

# 그대 등

지독히 아늑한 숲이다
수천의 잎사귀에 싸인 듯
마음 위에 마음 업혀가는 길
죽음도 두렵지 않다
가난한 세상 치열한 몸짓을
보석 같은 슬픔이라 노래하는
그대 단단한 어깨에
살아온 날들 매달고
물러서라 어둠이여 개 떼여,
소리 지르다 잠든다
흔들리지 않는 걸음으로
빛나는 반딧불 찾아
그대 걷고 걷는 동안
세월은 세월을 업고 흐른다

# 창을 열면

강이 보인다

머리와 꼬리 숨기고
몸통만 보여주며
제 갈 길 멈추지 않는
물고기 같다

날마다 새롭게 반짝이는
물결과 물풀은 제자리에서
강 따라 흐른다

마음은 어디든 흘러가고
처음과 끝 알 수 없는
세상 풍경 속
나는 어디쯤 있는 것일까

아무도 모르게
바다에 닿는 강물처럼

내가 닿을 곳은 어디일까

문득 바람소리 커지고
해가 지고 있다

# 산행 중

산꼭대기 닿기도 전에 지쳐 누웠다

개울물 산새들 소리에
마음 맺힌 일 풀리고
몸속 어디쯤 꽃이라도 필 듯하다

온산 떠메고
바라보는 하늘, 구름 한 채
허물어질 듯 말 듯 쉬고 있다

가던 길 멈춘
구름과 나 사이
시간과 속도를 잊고

이 산 어딘가에 묻힌 사람들
더러는 참꽃 되어 물끄러미 내다보는
늦봄 산중턱

# 폭우에 갇히다

비켜라, 번개창 던지며
소리치는
빗발

채 비키지 못한 것들 황망히 젖고
멀쩡하던 대낮이
순식간에 어두워졌다

어둠에 젖은 나를
후려치며 휘감고 조이는
빗발 떼

느닷없이 심판하는
오랏줄인 듯

나는 묵비권으로 버티며
지난날들 돌아본다

# 밤참

나의 밤참은
찬밥덩이에 김치 얹어 먹는 것
잠든 세상 빠져나와
김치대가리 씹는 맛이란
그러다 목 막히면
찬물 쿨컥쿨컥 들이키는 그 맛
펼쳐놓은 시집,
즐겨 읽는 시 위에
김치 국물 떨어뜨려본
사람만이 알 수 있다
떨어진 국물을 재빨리
혀끝으로 불러들이며
핥아보는 시의 맛이란
떠나간 사람 그리워
배고프게 그리워
찬밥덩이로 그 울컥거림을
막아본 사람만이 알 수 있다

## 역날검 하루

또 하루를 선물 받았다

내게 주어진 하루는
은빛 곡선의 검이다

칼등과 칼날 위치 바뀐
역날검, 나를 겨누고 있다

정신없이 흘러가는 세상
말 한마디 손짓 한 번까지
조심히 살라는 뜻

직선을 품어주는
곡선의 검 한 자루
마음에 들여놓는다

## 숲에서·1

시로써 굶지 못하는 날들이 답답하여 숲으로 갔습니다 한 그루 나무처럼 보이던 숲은 다가설수록 헤아리기 힘든 가지와 줄기, 수천의 잎으로 모여 사는 마을이었습니다 바람은 하얀 종아리로 나무와 구름 사이 집을 짓고 저마다의 꿈을 노래하는 새들, 아직 눈뜨지 않은 애벌레들은 안개더미에 묻혀 배냇짓하고 한 점 잎이 질 때마다 보이지 않는 손이 나무를 위로하였습니다 우리 사는 것과 다른 향기가 온몸에 그물을 치고 이 땅의 모든 길들이 시작되는 숲에서 스스로 나무라 부르며 땅속 깊이 뿌리내리고 싶었습니다

## 숲에서·2

눈 온 다음날의 환한 슬픔 아니, 소름 돋는 그리움을 감추려고 끝없이 편지를 쓰던 때가 아득하기만 하고 창호지에 써둔 꿈 한 조각 펼쳐보기가 두렵습니다 햇빛 그친 마음의 빈 골짜기에 넘치도록 함박눈 내려 그 숨막힘 견딜 수 없을 때, 다시 숲을 찾아 길고 긴 편지 쓰고 싶습니다

# 나무보살

한때 이파리 무성했을
나무, 장작개비들이
가마솥 물 끓이며
온돌방 달구고 있다
등짝과 허리 엉덩짝
지지며 누운 아낙네들
살림살이와 시집살이
고루 꺼내 지져댄다

텃밭의 개머루 한 그루
까만 알갱이 총총 달고
군불 연기 응시하는 저녁

아낙네 한 백 년 누워도
못다 할 이야기들
귀에 담지 않고
훌훌 타며 사라지는
나무, 회보랏빛 연기

# 운문사 처진 소나무

대웅보전 향해
수백 년 솔향기 공양하는
소나무보살

사시절 초록빛 보시하는
그 자무량심

저 홀로 묵언수행
오만 가지 다 내려놓고
거친 몸에 새긴 법문
새들이 앉아 읽고

날마다 지켜보는
하늘바다 물고기 한 마리

## 검은 햇살

투병하던 그녀가 떠났다

부고와 함께 화살처럼 쏟아지던
검은 햇살

피하지 못한 채
화살 꽂힌 몸으로 걷고 또 걸었다

앞서가는 사람들 속
얼핏 그녀 같은 뒷모습
따라가다 놓치고
나는 쓰러졌다

무수히 꽂힌
화살, 뽑아낼 수 없는
그녀와의 추억들이
온몸을 들쑤시고

단풍빛 서럽던
시월의 어느 하루가
가혹하게
나를 관통했다

# 모를 뿐이다

그가 떠난 자리에 남아있는
감태나무 지팡이

봄 새순 보호하려고
겨우내 잎 떨구지 않는다는
감태나무 모성애
지팡이에도 있을까

주문한 책 도착하고
넘기는 책장마다 무위자연
그의 삶 펼쳐진다

읽을수록 온몸에 돋아나는
아니, 떠오르는 잎들과 열매
불현듯 그리운 흙 내음

그는 어디로 갔을까
물과 바람을 거쳐

산머리 구름 속 또 한 세상
학들과 노닐고 있을까

# 댓돌난야*

겨울 안개비 내리는 운부선원
댓돌 위 낡은 뒤축의 신발 한 켤레
가던 길 멈추고 숨 고르는 중

마음속 겹겹의 먹구름 쳐내며
난향 피어날 때를 기다리는 사람들
차 한 잔 머금고 바라보는 먼 산, 안개비 그치고
다시 선명해지는 산사 풍경

뒤돌아보지 않는 걸음들 또 다른 길 열고
그 길 끝에서 만나게 될 하나의 바다, 깊숙이 들어가
무진장 피어날 자신을 위해

온몸 물어뜯는 아귀들 물리치는 동안
댓돌 위 신발도 함께 수행 중

* 난야(蘭若) : 한적한 수행처라는 뜻으로 절, 암자 등을 이르는 말.

# 시를 쓰다가

아침에 눈뜨는 순간
금촉 화살 하나가
심장에 꽂힌다면

금빛 시 뿜으며 죽을 수 있을까

죽어서도 시 쓸 수 있을까

# 시작

불쑥
내미는 촉

다 떠난 곳에서
다시 시작하는
새싹들

여린 희망들
보이지 않는 힘이
죽은 듯 잠들었던
나무를 흔든다
들판을 깨운다

새초롬한 연둣빛
차례차례 나오고 있다

| 해설 |

# 꽃나비달, 그 서정의 노래

이진흥(시인)

박경화 시인은 30여 년 전에 〈물빛〉 동인이 되어 함께 시공부를 해 온 분인데, 소리(창)에도 심취하여 명창에게 사사하고 소리 교실을 운영하고 있는 재원입니다. 이번에 갑년을 맞아 그동안 미루어오던 시집을 출간하겠다며 원고를 보내왔습니다. 대부분 전에 읽어본 것이지만 다시 보니 짧고 단아한 작품들이 사포의 그것처럼 서정시의 전형 같은 느낌이 들었습니다. 그 독후감의 일단을 적어봅니다.

## 1. 시집의 표제, 꽃나비달

원고를 받았을 때 『꽃나비달』이라는 시집의 표제가 좀 생경해 보였습니다. 무슨 뜻인가 살펴보니 3부로 분류한 작품의 차례를 1부는 〈꽃〉, 2부는 〈나비〉 그리고 3부는 〈달〉이라고 정하고, 그것을 붙여 만든 합성어였습니다. 그것은 지상의 〈꽃〉이 자유롭게 공중을 날아다니는 〈나비〉에 연결되고, 하늘로 상승하여 〈달〉에 도달하는 시인의 서정적 이미지라는 생각이 들었습니다. 꽃과 나비와 달을 아무런 접속사나 수식어도 없이 연결한 것은 세 개의 사물이 자신의 존재를 독립적이면서 동시에 의존적인 관계로 드러낸 것입니다. 다시 말하면 꽃/나비/달은 각각 지상/공중/하늘에서 식물/동물/광물로 독립해 있는 사물인데 셋을 붙여서 하나의 복합명사로 만든 것은 시인 자신의 정서적 삼위를 하나로 묶어놓은 것이지요. 그것은 시인이 자신에게 가장 아름답게 다가오는 꽃과 나비 그리고 달이라는 세 개의 심상을 하나의 의미망 안에 모아놓은 것입니다. 꽃은 아름다움의 표상으로서 수동성, 여성성, 정태성을 드러내고, 나비는 자유와 자발성, 동태성을 보여주며, 달은 하늘에서 관조의 눈빛으로 지상의 사물을 은은하게 감싸고 안아주는데, 그 세 가지 심상이 시인의 내면 공간에서 한 채의 〔시의 집〕을 지은 것입니다.

■꽃, 존재의 표상

예로부터 꽃은 매우 빈번하게 예술작품의 대상이 되어 수많은 화가와 시인들이 그것을 그리고 노래했습니다. 왜냐하면 꽃은 아름답고, 아름다운 것은 우리에게 기쁨과 감동을 주기 때문이지요. 그것은 옷이나 밥처럼 이용 대상이 아니라 실용성에서 벗어난 관조 대상이어서 우리의 정서를 자유롭게 해방시켜줍니다. 우리는 꽃을 보지만 엄밀한 의미에서 우리가 보는 것은 꽃 그 자체가 아니라 꽃의 색깔이나 꽃잎과 꽃술 등입니다. 꽃 그 자체는 볼 수가 없기 때문에 우리는 꽃잎이나 색깔 형태를 통해서 그 너머의 꽃의 존재를 감성으로 느끼는 것이지요. 그래서 시인은 꽃의 겉모습 너머 꽃 그 자체를 보기 위해서는 눈을 감으라고 합니다.

불 켜지 마

저기, 꽃잎들마다
등불 켜들고 있잖아

수천의 꽃잎 떼

다 지나갈 동안

그냥
눈 감고 있어
—「봄밤」 전문

우리가 무엇을 보기 위해서는 우선 그 대상을 빛의 밝음 속으로 가져와야 합니다. 그래서 환하게 불을 밝히려고 하는데, 여기서 시인은 불을 켜지 말라고 합니다. 왜냐하면 꽃은 이미 꽃잎들마다 등불을 켜 들고 스스로를 드러내고 있기 때문이라는 것이지요. 그것이 그것인 것으로 드러나는 것이 진리라고 하이데거는 말하는데, 꽃은 이미 자신을 드러내고 있으니 불을 켜서 살피려고 하지 말고 그냥 눈 감고 물러나 있으라는 것입니다. 시인에게 꽃은 그 자체가 완전한 것이며 불을 켜서 함부로 범접할 대상이 아니라는 것입니다.

또한 꽃은 새 생명인 씨앗을 배태하기 위한 식물의 생식기관으로서 가장 순결하게 자신을 드러내고 있습니다. 아직 씨앗을 품기 전의 모습(기다리는 여성성)인데 그것을 시인은 자신들의 초경에 놀라는 소녀들의 모습으로 아날로지(유추)하여 꽃의 절대 순결성을 노래합니다.

붉은빛, 여린 힘
가느다랗게
사방 뻗쳐 있다

느닷없이 흘러나온
초경에 놀란 소녀들
가을 햇살 움켜쥐고
무리 지어 있다

우리 청춘의 한때가

다시 돌아온 듯
불꽃화관 쓰고
환하게 서 있다
—「꽃무릇 떼」 전문

꽃무릇은 가을꽃으로 상사화처럼 꽃과 잎이 각각 피어나는 시기가 달라 서로를 만나지 못한다고 해서 그리움 혹은 이루지 못하는 사랑 같은 것을 얘기하는 화초입니다. 그러나 여기서는 그런 애절한 서사가 아닌 아름답고 환한 청춘의 모습을 노래하고 있습니다. 시인은 꽃줄기 끝에 말려오르는 듯한 길고 붉은 꽃잎들과 우산살처럼 뻗은 꽃술을 "붉은빛, 여린 힘/가느다랗게/사방 뻗쳐" 있다면서 그 모양을 "초경에 놀란 소녀들"처럼 묘사합니다. 붉은빛은 불(열=에너지=힘)을 함유하는 빛인데, 우리 몸속에 흐르는 피의 빛깔이기도 해서 꽃무릇의 "붉은빛, 여린 힘"을 소녀들의 초경으로 유추하는 것이지요. 그래서 꽃무릇의 모습이 마치 가을 햇살을 움켜쥐고 놀라는 소녀들처럼 "청춘의 한때가/다시 돌아온 듯/불꽃화관 쓰고/환하게 서 있"는 것입니다. 그러나 생의 절정에서 붉꽃화관 쓰고 환하게 웃고 있지만 때가 되면 떠밀지 않아도 스스로 그 절정에서 뛰어내리는 것이 또한 꽃입니다.

누가

떠밀지 않아도

때가 되면

제각각 뛰어내린다

절망이 아닌

새로운 부활이다
—「꽃은 저마다 벼랑에 서 있다」 전문

꽃은 식물의 가장 낮은 뿌리에서 대지로부터 영양과 힘을 얻어 줄기를 타고 올라 가장 높은 곳에서 자신의 모습을 드러내는데 시인은 그것을 "벼랑에 서 있다"고 표현합니다. 벼랑은 아슬아슬하고 위험한 절벽이지요. 꽃은 한 걸음도 비껴디딜 수 없는 그런 자리에 서서 자기를 드러내기에 함부로 범접할 수 없는 위의(威儀)를 지니는 것입니다. 그리고 새 생명인 씨앗을 자궁에 심어놓고 "누가/떠밀지 않아도/때가 되면" 뛰어내립니다. 꽃이 뛰어내리는 것(낙화)은 새 생명에게 자리를 마련해주고 자신은 공중으로 투신하는 죽음의 춤이며 부활을 위한 소신공양이지요. 여기서 꽃은 죽음에 마주 선 인간 실존의 은유입니다. 인간은 시간 속의 존재 즉 죽음이라는 한계상황 앞에 서 있습니다. 두려움에 몸을 떨지 않고 때가 되면 의연하게 아름다운 춤으로 공중에 몸을 던짐으로써 "절망이 아닌/새로운 부활"로 나아가는 것, 그것이 진정한 죽음의 모습이지요.

■나비, 앉았다 간 아픈 자리

나비는 그 아름다운 색깔과 모양 그리고 가벼운 날갯짓 등으로 예부터 서정시나 그림의 소재가 되어오고 있습니다. 그것은 장자의 호접몽처럼 사유의 공간을 열어주기도 하고, "나비야 청산가자"는 시조처럼 청산(유토피아)이나 초월 공간으로 이끄는 안내자의 이미지가 되기도 합니다. 그러나 무엇보다 나비는 꽃에 연결되어 떠오르므로 시집의 표제에서 쓴 꽃나비는 마치 하나의 낱말처럼 보입니다. 꽃이 꿀을 제공하고 나비는 꽃가루받이를 해 주는 상생관계에 더하여 외모상으로도 유사하고 친근해 보여서 양자의 연결은 매우 자연스럽습니다.

아름다운 꽃을 찾아다니는 나비 또한 아름답지요. 꽃은 오랫동안 나비를 기다렸는데 나비는 "사뿐 앉았다"가 금방 어딘가로 날아가 버립니다. 그러니 꽃은 쓸쓸하고 외롭겠지요. 시인은 그 장면에 연인들의 모습을 투영해서 만남과 헤어짐 그리고 외로움과 아쉬움을 노래합니다.

저물녘, 흰나비 한 마리
내 어깨 사뿐 앉았다 가네
그 잠깐 동안의 고요가
온몸을 뒤흔드네

누가 떠나가는가
흰나비 앉았다 간 아픈 자리에
가만히 손 얹어보네
—「나비」 전문

이 작품은 꽃에 잠깐 앉았다가 날아가는 한 마리 나비로 은유된 누군가가 떠나간 이별 후에 남는 아쉬움을 드러내고 있습니다. "내 어깨에 사뿐 앉았다 가"는 흰나비는 누구일까요? 그 잠깐 동안의 고요가 온몸을 뒤흔드는 이유는 무엇일까요? 나비가 앉았다가 간 아픈 자리에 가만히 손을 얹어보는 화자의 아쉬움과 쓸쓸한 정서가 밀려옵니다. 그리고 시간이 하필 저물녘이라는 것도 매우 암시적이지요. 저물녘은 하루의 일과가 끝나는 때로서 바쁜 낮시간의 노동을 접고 이제 잠깐 일을 멈추는 시간인데 흰나비는 어깨에 잠깐 앉았다가 갑니다. 무게도 느낄 수 없고 소리도 없으며 흔적도 남기지 않고 무슨 대화나 소통의 신호도 없는 "잠깐 동안의 고요"가 이상하게도 "온몸을 뒤흔"듭니다. 이제 저물녘이 되어 일상의 노동을 멈추고 자신을 돌아보는 시간에 어깨에 사뿐 앉았다가 날아가는 흰나비…. 시인은 흰나비가 떠나간 앉았던 자리에 가만히 손을 얹어보면서 방금 있었다가 사라진 그것(흰나비)의 존재를 생각해보는 것입니다. 빈자리는 무엇일까요? 비어있다〔虛〕는 것은 없다〔無〕는 것과 다릅니다. 없는 것은 처음부터 있지 않은 상태이지만 비어있는 것은 있던 것이 사라진 남은 공간이지요. 그러므로 빈 것은 있던 것에 대한 아쉬움과 그리움을 소환하는데, 나비는 시인에게 그점을 상기시키는 것입니다.

그가 떠난 후
그녀의 수틀 속 꽃밭은
더 꽃 피우지 않는다
자주 수놓던 풀잎과 꽃은
창밖에서 흔들리고
가끔 날아와 노래하던
새도 오지 않는다
그녀의 손길 닿지않는

수틀 안팎을 기웃거리며
술렁대는 바람
수틀 속 꽃 위에
머물던 나비 한 마리
빛바랜 날갯짓으로
그 자리를 떠나고 있다
조금, 조금씩
—「그녀의 나비」 전문

인간은 그 한자〔人間〕가 뜻하는 것처럼 단독자가 아니라 〈나-너-그-그녀〉로 연결되어 있습니다. 이들은 그냥 스치는 사이일 수도 있지만 이 작품에서 그녀에 대한 그의 관계는 매우 긴밀해 보입니다. 그가 떠나갔으므로 그녀(여기서는 시적 화자로 읽힌다)의 수틀 속 꽃밭은 더 이상 꽃을 피우지 않는 것이지요. 그녀가 정성스럽게 한 땀 한 땀 수를 놓아 가꾸어놓은 꽃밭은 그와 함께 공유했던 소중한 공간이었기에 그가 떠난 후에는 무의미한 곳이 되는 것입니다. 그래서 더 이상 꽃도 피우지 않고 노래하던 새도 오지 않으며 술렁대던 바람마저 불지 않습니다. 그가 떠난 후 그녀의 세계는 폐허가 됩니다. 그래서 수틀 속 아름다운 꽃 위에 머물던 나비도 "빛바랜 날갯짓으로/그 자리를 떠나고"있는 것이지요. 여기서 떠나가는 나비는 시인에게 외로움과 적막 속에서 자신을 돌아보게 하여 그를 실존적 각성의 계기로 인도합니다.

■달, 고요한 눈빛과 속 깊은 모성

달은 해와 극히 대조됩니다. 발광체인 해는 밝은 빛과 따뜻한 볕으로 지상의 사물을 밝음 속에 환하게 드러나게 하고 삶의 에너지를 주는데, 반사체인 달은 연하고 은은한 빛으로 어둠 속의 사물을 감싸고 숨겨주며 어두운 밤길을 동행하는 존재입니다. 다시 말해서 해가 직접적이고 적극적인 남성성을 나타낸다면 달은 간접적이고 소극적인 여성성을 드러냅니다.

아득한 곳
시름없이 떠 있는
빈 배처럼

노래하다 멈춘
음유시인처럼

고요 속 깊은
눈빛으로

가난한 사람들의 밤길
함께하는 그대
—「달」 전문

앞에서 살펴보았던 것처럼, 제자리에 붙박힌 채 자신

을 드러내는 꽃이나 잠시 머물다가 어딘가로 날아가는 나비와는 달리, 달은 처음부터 높은 하늘에 떠서 말없이 그냥 내려다보는 존재입니다. 그것을 시인은 아득히 먼 곳에 시름없이 떠 있는 빈 배 혹은 노래하다 멈춘 음유 시인에 비유합니다. 사공도 없고 손님도 오지 않아서 하릴없이 잔물결에 떠서 흔들리는 빈 배나, 〈노래하다 멈춘 음유시인〉처럼 외롭고 쓸쓸한 모습으로 빈 하늘에서 지상을 내려다보면서 "고요 속 깊은/눈빛으로/가난한 사람들의 밤길"을 함께 하는 존재가 달이라는 것입니다. 적막하고 어두운 밤에 걱정어린 눈빛으로 밤길을 가는 가난한 사람들과 함께하는 달이야말로 속 깊은 모성성이지요. 달의 그런 모습을 통하여 시인은 자신을 돌아보면서 이루지 못한 자신의 여성성을 노래합니다.

나, 한때 꽃이었던가

말라붙은 젖꼭지 꽃 진 자리던가
저물녘 기우는 햇살 끝에
모과 한 알 떨어지고
메마른 자궁 속 둥지 튼
눈물새 한 마리 불러내어
잠들지 못하는 밤, 함께 새가 된다

모과 있던 자리 어루만지듯

처연히 돋는 달
—「메꽃 연가」 전문

"나, 한때 꽃이었던가//말라붙은 젖꼭지 꽃 진 자리던가"라는 구절에서 우리는 불면의 밤을 지새우며 탄식하는 시인의 목소리를 듣습니다. 시인은 한 때 꽃이었던 자신의 여성성을 말라붙은 젖꼭지로 은유합니다. 그리고 이제 저물녘 기우는 햇살 끝이라는 시간에 서서 모과 한 알이 떨어지는 것을 바라보며 자신의 "메마른 자궁 속 둥지 튼/눈물새 한 마리 불러내어" 자신도 함께 새가 되어 잠들지 못하는 밤을 지새운다고 노래합니다. 자궁이야말로 가장 위대하고 자랑스러운 새 생명의 집입니다. 그런데 어느덧 메말라서 더 이상 새로운 생명을 길러낼 수 없게 된 불임의 자궁 속에서, 울고 있는 눈물새(자신의 내면적 자아로서 이루지 못한 모성)를 불러내어 불면의 밤을 함께 지새며 돌아본다는 것입니다. 이때 "모과 있던 자리"(모과는 이미 꽃이 성취한 열매로서 시적 자아가 선망하던 새생명이지요)를 어루만지듯 처연히 달이 돋습니다. 달은 시인의 못다 이룬 아쉬움과 슬픔을 어루만지는 처연한 모습으로 보이는데 그것은 한 때 꽃이었던 자신의 여성성의 이루지 못한 슬픔이 투영된 것이기 때문입니다.

## 2. 심장에 꽂히는 시의 금촉화살

시란 무엇일까요? 무엇이기에 시인은 “오늘도 알 수 없”(「마흔 해, 수만 번의 입맞춤」)다면서도 왜 “밤이면 자는 듯 매달려/만지고 흔들어”보면서 그것을 떠나지 못하는 것일까요? 시인은 “세상살이에 힘이 되는 것들 중 하나가 시”라고 하면서 “슬픈 나를 울어주고/사람을 벗어나/꽃이나 나비가 되게 해주는/시가 있어 행복하다”(시인의 말)고 말합니다. 자신이 슬플 때 누군가가 함께 슬퍼해서 울어준다면 가장 큰 위로가 될 것이고, 그가 사람이기 때문에 피할 수 없는 속박의 사슬에서 벗어나는 꽃이나 나비가 되게 해 준다는 것이지요. 어렵고 괴로운 세상살이를 극복하는 힘, 예컨대 희망이나 사랑 혹은 꿈의 표현이 예술이라면 그 정신(포에지)의 구현이 시(포에트리)이기 때문일 것입니다. 그래서 시인은 그것을 만지고 그것에 매달리며 “수만 번의 입맞춤”을 하면서 간절히 시의 마음(정체)을 알고자 하는 것입니다.

느닷없이 그대에게 끌려
마흔 해를 물고 빨며 늘어졌지만
여전히 알 수 없는 그대 눈빛

날마다 들려오는 희미한 휘파람소리
그대가 흘려보내는 귓속말인지

봄눈 실린 강물의 노래인지 헤매다 보면
어느덧 해는 지고

진부한 사랑의 말들 섞어가며
수만 번 피워대는 입맞춤 고백으로도
여전히 볼 수 없는 그 마음

밤이면 자는 듯 마는 듯 매달려
만지고 흔들어 보는 그대, 詩라는 분
오늘도 알 수 없고
—「마흔 해, 수만 번의 입맞춤」 전문

시인이 자신도 모르게 시에 끌려 시를 붙들고 "마흔 해를 물고 빨며 늘어졌지만" 여전히 알 수 없는 시의 눈빛, 그래서 눈빛을 외면하고 돌아서면 날마다 "희미한 휘파람소리"가 들려옵니다. 들으려고 하지 않아도 들려와서 듣지 않을 수 없는 희미한 휘파람 소리, 그것은 "봄눈 실린 강물의 노래"인지 혹은 "그대(시)가 흘려보내는 귓속말인지" 알 수가 없어 이리저리 끌려서 헤매다 보면 어느덧 해가 지고 맙니다. 그래서 다시 "진부한 사랑의 말들 섞어가며/수만 번 피워대는 입맞춤 고백으로" 다가서 보지만 "여전히 볼 수 없는" 게 바로 시이고, "밤이면 자는 듯 마는 듯 매달려/만지고 흔들어" 보아도 여전히 알 수 없는 게 시라는 것입니다. 알 수 없기에 매달리고 만지고 흔들어보는 시, 아무리 애쓰고 찾아 헤매도 알 수 없기 때문에 역설적으로 자신의 생명을 걸만한 존재일는지 모릅니다.

> 아침에 눈뜨는 순간
> 금촉 화살 하나가
> 심장에 꽂힌다면
>
> 금빛 시 뿜으며 죽을 수 있을까
>
> 죽어서도 시 쓸 수 있을까
> —「시를 쓰다가」 전문

박경화 시인에게 시는 그의 삶의 가장 빛나는 절정의 순간 "금촉 화살 하나가 심장에 꽂힌다면//금빛 시 뿜으며 죽을 수 있을" 그것입니다. "아침에 눈뜨는 순간"이란 이제 막 삶을 시작하는 순간인데 바로 그때 무엇보다도 빛나고 값지고 아름다운 금촉 화살 하나가 심장에 꽂힌다는 상상은 문자 그대로 논 플루스 울트라, 더 이상은 없는 절정의 순간을 의미합니다. 잠에서 깨어나 눈을 떴을 때 날카롭게 빛나는 금촉 화살이 생명의 중심인 심장에 꽂혀서 절명에 이른다면 바로 그 순간에 금빛 시를 뿜어낼 수 있을까?라고 묻고 있습니다. 그것은 심장에 꽂히는 치명적인 금촉 화살이 시의 본질임을 말하는 것이지요. “심장에 꽂히는 금촉 화살”로 인한 절명의 순간 “금빛 시” 뿜는 것, 그것은 마치 자신의 목을 찔러 절명의 순간 최고의 노래를 부른다는 가시나무새의 노래를 떠올리게 합니다. 어쨌든 금촉 화살에 심장이 찔려 금빛 시를 쓸 수 있는 죽음의 순간은 그야말로 두 번 다시 되풀이할 수 없는 짧고 강렬한 번개의 시간이지요. 마치 자객이 휘두르는 칼날의 번쩍임처럼 짧은….

자객이 다녀갔다

검이 번쩍이는 순간
선 채로 숨진 나무 한 그루

아무도 그 죽음을 모른다

까마귀 울음소리가
나무를 할퀴고 있다
—「번개」 전문

자객은 범죄조직에서 암살을 담당하는 자이고, 암살은 남몰래 남을 살해하는 범법 행위입니다. 그러므로 암살자인 자객은 은밀하게 살해하고 재빨리 사라집니다. 시인에게 시는 마치 자객처럼 출몰하는 존재이지요. 자객이 다녀간 후 나무가 선 채로 숨졌는데 아무도 그 죽음을 모르고 있다는 이 시적 진술은 시의 본질이 무엇인가를 암시합니다. 여기서 죽은 나무의 주검은 시작품(포엠)이고 자객의 번쩍이는 검은 언어이며, 그것을 휘두른 자객은 시혼(영감) 혹은 시정신(포에지)이라고 할 수 있습니다. 우리가 시를 읽는 것은 마치 나무의 주검(나무껍질=시의 겉말)만 만져보는 행위이기 때문에 "까마귀 울음소리"(독자의 오독)가 나무(시)의 껍질(주검)을 할퀴고 있다는 것입니다.

## 3. 서정의 입술로 부르는 지극한 사랑 노래

박경화의 시는 한마디로 서정시입니다. 서정시(Lyric)는 옛날 그리스의 악기(Lyra)에 맞춰 부르던 노랫말에서 유래되었다고 하지요. 그래서인지 박경화는 노래를 따라 메나리조의 창에 경도되어 소리 교실을 운영할 정도로 그 서정성에 기울어져 있습니다. 원래 서정(抒情)이라는 말이 감정을 펼친다는 뜻인데, 감정(희노애구애오욕)의 핵심은 사랑이라고 생각됩니다. 그러므로 서정시의 본령은 사랑 노래(戀歌, Love Song)인데, 박경화 시의 대부분이 연가입니다. 그래서인지 그녀의 시편들은 마치 고대 그리스의 서정시인 사포의 사랑 노래를 연상

케 합니다. 흔히 사랑을 아가페와 에로스 혹은 필리아 등으로 구분하지만, 그 본질은 사랑하는 이들의 전적인 합일이지요. 합일의 순간은 황홀이고 그것은 삶과 죽음을 초월하는 불꽃입니다. 사랑하는 이들의 참만남이 이루어질 때 양자는 마치 부싯돌처럼 사랑의 불꽃을 피워서 자신들의 존재를 실현하는 것입니다. 그것을 시인은 다음과 같이 노래합니다.

> 그녀의 살 속 들어서는 순간
> 정전이 되었다
> 우리는 부싯돌처럼
> 서로 부딪치기 시작했다
> 몸 어우러지는 자리에
> 그윽한 산내음과
> 소리 고운 새울음 들렸다
> 더욱 격렬한 몸짓 사이
> 층층이 소름꽃 돋았다
> 일제히 눈 뜨는 별
> 우리는 유월 밤하늘 높이
> 보름달 속에 있었다
> —「함박꽃나무」 전문

사랑에 들어서는 순간 그와 그녀는 캄캄한 어둠 속으로 침몰하는데 그것을 시인은 "그녀(이성, 연인, 여성)의

살 속에 들어서는 순간/정전이 되었다"고 합니다. 사랑의 순간은 바로 정전이 되어 캄캄한 어둠 속에 빠진 상태이지요. 그래서 아무것도 보이지 않아 생각과 느낌이 차단되고 논리와 인식이 무너져서 자신들의 전 존재를 강렬하게 부싯돌처럼 부딪쳐 불꽃의 순간을 빚어낼 뿐입니다. 부싯돌은 윤리나 논리가 없이 그냥 부딪쳐서 불을 일으키고, 불은 빛과 열을 발산하여 그와 그녀를 녹이고 태워버립니다. 결국 사랑은 그들을 태우는 불입니다. 지금 정전이 된 캄캄한 어둠 속에서 그들의 감각을 깨우는 것은 그윽한 "산내음"이고 "소리 고운 새울음"입니다. 산내음은 인공적인 내음이 아니라 피지스로서의 자연(nature)의 내음이고 새울음 소리 역시 맑고 깨끗한 자연(새)의 지저귐이지요. 그 순간 두 사람의 몸짓 사이에는 소름꽃, 즉 가장 격렬하게 촉각을 유발하는 소름이 꽃처럼 돋아나고, 하늘에는 별들이 일제히 눈을 뜹니다. 그 순간 그는 그녀와 함께 지상을 떠나 높은 하늘에 떠 있는 보름달 속에 있음을 느낍니다. 엑스터시의 순간이지요. 여기서 시인은 가장 강렬하게 생을 실현하는 사랑의 순간을 활짝 꽃피는 함박꽃나무에 은유하여 아름답게 묘사하고 있습니다. 이러한 연가의 전형을 시인은 예민하고 감각적인 첫사랑의 기억 속에서 불러내 보여줍니다.

네 입술에 닿고 싶었다
입술 속 젖은 혓바닥 위에서
숨 막히게 터지고 싶었다
더할 수 없이 잘게
짓씹는 순간마다
처절한 기쁨으로 흐르는 타액
네 속살 깊이깊이 번져
단물 드는 너를 보고 싶었다

그 입술, 첫사랑이여
—「풋감, 떨어진」 전문

첫사랑은 경험해보지 못한 미답의 영역에 첫발을 디디는 것이므로 신비하고 가슴 떨리는 일입니다. 그것은 흔히 이루어지기 어려운 것이라고 하는데, 작품 제목이 「풋감, 떨어진」으로 된 것은 익지 않은 채 떨어진 감이니 아마도 이루어지지 못한 사랑을 노래한 것 같습니다. 시인은 첫사랑의 기억을 "네 입술에 닿고 싶었다"고 회상합니다. 입술은 몸의 가장 예민한 부분이므로 입술에 닿는 입맞춤은 연인들의 가장 절절한 사랑의 표현이겠지요. 그러니 "입술 속 젖은 혓바닥"의 접촉 순간만큼 강렬한 황홀경이 있을까요? 그래서 그 순간 숨이 막히게 터지고 싶은데…. 숨이 막히면 죽지요. 삶과 죽음…, 에로

스와 타나토스는 둘이 아닙니다. 사랑은 에로스의 정점에서 타나토스의 심연으로 투신을 꿈꾸는 것, 그래서 네 혓바닥 위에서 터진 내가 잘게 짓씹히면 그 순간 "처절한 기쁨으로 흐르는 타액"이 되어 "네 속살 깊이깊이 번져/단물 드는 너를 보고 싶은" 것이지요. 다시 말해서 사랑은 생명의 최정점에서 자신의 전 존재를 투신하는 것이므로 나는 너의 속살 깊이 녹아들어서 나의 단물(타액)로 인해 행복과 황홀의 절정에 오르는 너를 내가 보고 싶었다는 것입니다. 너와 나의 합일이야말로 진정한 사랑이자 존재의 실현이지요. 그래서 시인은 사랑 중에도 가장 아쉽고 아름다운 첫사랑을 익지 못한 채 떨어진 풋감에 비유하여 관능적인 언어로 매우 절절하게 노래하고 있습니다. 이렇게 직설적으로 사랑을 노래한 것에 비하여 다음 작품은 사랑의 장면을 3자의 시선으로 바라보면서 시인 자신도 함께 잦아들어 사라지고 싶은 심경을 노래하고 있습니다. 보십시오.

저물녘 강가에서
흐르는 물소리 들었네
검보랏빛 반짝이는 입술 풀내음,
몸 숨기지 않고 살 섞으며
물은 저희끼리 어우러졌네
목숨의 끝일지라도

천만년 지옥이라도
가보자고 가보자고
물결 헤집는 신음소리
청청한 달빛 쏟아져
풀잎 쓰러지는 사이
낡은 옷 벗어던지고
물결 속 사라지고 싶었네
—「따스한 시간」 전문

저물녘 강가라는 시의 배경이 복작거리는 도시의 불빛이라는 일상성에서 벗어나 있습니다. 강가에서 들리는 물소리는 도시에서 들리는 문명의 소음과는 다른 자연 그대로의 소리입니다. 물은 저희끼리 "검보랏빛 반짝이는 입술"로 비비며 "몸 숨기지 않고 살 섞으며" 어우러집니다. 그 어우러짐의 동작은 앞의 작품에서 본 연인들의 사랑의 행위와 다르지 않습니다. 물은 저희끼리 어우러져서 "목숨의 끝일지라도/천만년 지옥에라도" 가보자고 하면서 서로 "헤집는 신음소리"를 내고 있습니다. 그 장면을 바라보고 그 소리를 듣는 시인(화자) 자신도 지금 "청청한 달빛 쏟아져/풀잎 쓰러지는 사이/낡은 옷 벗어던지고/물결 속 사라지고 싶"다고 합니다. 한마디로 서정의 목소리에 묻어나오는 절절한 사랑 노래이지요.

## 4. 마음속에 별 하나 새기며 걷는 삶의 길

앞에서 시를 심장에 꽂히는 금촉 화살에 빗대거나 서정의 입술로 부르는 사랑 노래라고 했는데, 그렇다면 그것을 향해 있는 시인의 삶은 어떤 것인가요? 시인은 도솔암의 너럭바위에 앉은 잠자리(잠자리)를 보면서 자신을 가만히 돌아봅니다. 그 작고 가벼운 잠자리의 고요한 앉음새를 보고, "몇 겁을 떠돌다 온/몸이기에/저리 가볍게/고요할까"(「잠자리」) 하면서 문득 "回心"을 생각하지요. 그러다가 시인은 어느 날 소나기가 내린 후 통째로 떨어진 동백꽃을 보면서 잠깐 피었다 지는 모습에 삶을 비추어 보며 삶이란 잠깐 세상에 피어났다가 져버리는 꽃잎 같은 게 아닌가하는 생각을 합니다.

때 아닌
소나기 온 뒤

온몸 던져
져버린 동백꽃

눈 뜬 채
세상과 멀어지는
봄날 오후

조문처럼 스쳐가는

새의 그림자

잠깐 사이
열렸다 닫힌
붉은 입술
—「후드득, 툭」 전문

이 시의 제목 「후드득, 툭」은 "소나기 온 뒤//온 몸 던져" 땅으로 뛰어내리는(져버리는) 모습을 의성/의태어로 묘사한 장면입니다. 생각해보면 꽃의 생애처럼 인간의 삶도 한순간이지요. 시든 꽃잎을 움켜쥐고 가지에 오랫동안 매달려서 바람에 흔들리며 참담한 모습을 보이는 꽃들보다 시들지 않고 통꽃으로 지는 동백꽃의 모습에서 죽음까지 포함한 삶의 의미를 생각합니다. 삶이란 "잠깐 사이/열렸다 닫힌/붉은 입술"처럼 찰나적이란 것이지요. 동백꽃처럼 온몸을 죽음 속으로 던져버리는 생의 모습이야말로 처연한 아름다움입니다. 그래서 떨어진 꽃잎 위로 "조문처럼 스쳐가는/새의 그림자"야말로 놀라운 장면이지요. 떨어진 꽃잎 위로 날아가는 새의 그림자를 죽음을 애도하는 弔問으로 읽어내는 시인의 시선이 놀랍습니다. 꽃과 새의 코레스폰던스…. 즉 꽃의 죽음과 새의 조문이라는 사물간의 상응관계를 노래함으로써 삶의 의미를 심화/확장하고 있습니다.

그런데 생각해보면 삶이란 이유 없이 까닭 모르게 받은 선물입니다. 선물은 무슨 보상이나 포상이 아니라 그것을 준 사람(혹은 신)의 사랑의 증표입니다. 삶이 우리에게 주어진 선물이라면 그것은 훼손하거나 낭비해서는 안 됩니다. 문득 영화 빠삐용의 꿈 장면이 떠오릅니다. 종신형으로 절해고도의 감옥에 갇힌 빠삐용은 재판관(신)으로부터 유죄판결을 받는 꿈을 꿉니다. 그는 자신이 도대체 무슨 죄를 저질렀느냐고 항변하는데, 신은 "너는 자신의 인생을 낭비했다"고 준엄하게 꾸짖습니다. 꿈에서 깨어난 그는 감옥에서 자신의 삶을 낭비할 수 없다고 바다로 뛰어내리는 탈옥을 결행합니다. 어쨌든 삶은 귀한 선물이므로 소중하고 조심스럽게 사용해야 하겠지요.

또 하루를 선물 받았다

내게 주어진 하루는
은빛 곡선의 검이다

칼등과 칼날 위치 바뀐
역날검, 나를 겨누고 있다

정신없이 흘러가는 세상

말 한마디 손짓 한 번까지
조심히 살라는 뜻

직선을 품어주는
곡선의 검 한 자루
마음에 들여놓는다
—「역날검 하루」 전문

시인은 선물로 받은 삶의 하루를 은빛으로 빛나는 아름다운 곡선의 검이라고 합니다. 검은 적을 물리치고 자신을 지키는 무기인데, 역날검은 칼등과 칼날의 위치가 바뀌어서 외부의 적이 아니라 자신을 겨누고 있는 칼입니다. 그에게 주어진 선물(하루)이 자신을 겨누는 역날검이라면서 시인은 그것이 "정신없이 흘러가는 세상/말 한마디 손짓 한 번까지/조심히 살라는 뜻"이라는 것입니다. 다시 말하면 그에게 선물로 주어진 하루라는 칼은 삶의 한순간도 허투루 하지 않고 시선을 자신에게로 돌려 대자존재로서의 실존적인 삶의 각성을 요구하는 自警劍이라는 뜻입니다. 그래서 시인은 "직선을 품어주는" 부드러운 "곡선의 검 한 자루"를 지닌 마음으로 살아갈 것을 다짐합니다. 직선이 이성적인 남성성이라면 곡선은 감성적인 여성성이라 할 수 있는데, 이성은 감성으로 남성성은 여성성으로 감싸고 품어줌으로써 선물로 받은 삶(하루)을 부드럽고 조심스럽게 영위하겠다는 시인의 의지를 노래하고 있습니다. 그런데 삶은 한 번도 연습하거나 경험해보지 못한 것이기에 낯설고 어렵습니다. 그래서 우리는 마치 길 없는 길을 가는 나그네와 같지요. 누가 대신해 주거나 가르쳐주지 않아서 우리의 삶은 아무도 보이지 않는 적막강산을 떠도는 반딧불이의 그것과 같은 게 아닐까 하는 생각이 듭니다.

적막강산 떠돈다

세상 지름길 버리고
읽던 책 던지고

거친 숲 헤쳐 나가며
떨어지는 별똥 벗 삼아
온몸 반짝인다

안개, 달마저 삼키고
절벽 같은 어둠 속
적막강산 뒤집는다
—「반딧불이」 전문

여기서 반딧불이는 어둠 속의 적막강산을 떠도는 시적 자아의 모습입니다. 세상을 쉽고 빠르게 건너가는 지름

길을 버리고, 필요한 지식과 정보를 알려주는 책도 던지고 나면 고독한 단독자인 자신을 보게 됩니다. 그야말로 삶이라는 사막에 내던져진 존재라고 할까요? 그런 모습을 작고 힘없는 반딧불이에 투영해 봅니다. 반딧불이는 거칠고 위험한 숲을 헤쳐가며 어둠 속에 떨어지는 별똥을 벗 삼아 자신의 몸을 불 질러서 반짝이며 날아갑니다. 안개가 달빛마저 삼켜버려서 절벽 같은 캄캄한 어둠 속을 날아가는 존재…. 그것은 돌파할 수 없는 한계상황에 부딪친 인간의 모습이지요. 이때 여기서 감행할 최후 최선의 결단은 적막강산을 뒤집는 일입니다. 그것이 바로 한계상황을 뛰어넘는 실존적(탈존, Ek-sistenz) 결단입니다. 그런데 현실에서 인간은 바람 따라 이리저리 흔들리고 물결에 휩쓸려서 떠내려가는 가랑잎처럼 자신의 본래성을 망각한 일상인(das Man)으로 살고 있습니다. 그러나 부유식물처럼 떠다니는 일상성에서 자신의 중심을 찾아 삶의 뿌리를 내리고 자신의 존재를 실현하려는 자가 시인이지요. 시인은 자신의 의지를 다음과 같이 토란잎에 토로합니다.

너처럼 사는 것이다

마음 한 자락 큼직이 펼쳐놓고
내리는 폭우 고스란히 받아

구슬로 흩트리며
지나가는 바람과 오래
건들대더라도, 꽃은
함부로 피우지 않는 법이다

싱거운 듯 밋밋하게
그러나 땅 속 알뿌리처럼
속 깊이 여무는 것이다
—「토란잎에 쓰다」 전문

본래성을 상실하고 바람에 흩날리며 비본래적인 삶을 살고 있는 일상인…. 시인은 토란잎의 이미지를 빌려다가 자신의 삶의 지표로 설정하고, "너처럼 사는 것이다"라고 선언합니다. 크고 넓은 토란잎은 비를 맞아도 물에 젖지 않습니다. 그래서 토란잎처럼 "마음 한 자락 큼직이 펼쳐놓고/내리는 폭우 고스란히 받아/구슬로 흩트리며" 자신의 중심을 지키겠다는 것입니다. 그것은 세상의 유혹이나 간섭을 받아도, 다시 말해서 "지나가는 바람과 오래/건들대더라도" 꽃을 함부로 피우지 않는 것처럼 섣불리 자신을 드러내서 가볍게 행하지 않겠다는 것이지요. 꽃은 식물의 자기실현 즉 자신의 전 존재를 실현하는 것이기에 함부로 피우지 않습니다. 앞에서 말한 것처럼 꽃은 새 생명(씨앗, 열매)의 약속이고 거소입니다.

그런 꽃처럼 살면서 시인도 겉으로 보기에는 "싱거운 듯 밋밋하"지만 그러나 "땅 속 알뿌리처럼/속 깊이" 여물겠다는 것입니다. 그리고 "마음속 별 하나" 새기며 삶의 길을 걸어가겠다고 다짐합니다.

오늘 밤안개는
숯덩이 나를 안아주리라
흐려진 길 더듬어 가면
안개 걷히는 어디쯤
편히 잠들 집 있으리
마음속 부싯돌 챙기며
어둠을 헤집는다
돌아보면 비루먹은 개 마냥
가난에 쫓기고 엎어져
어느 구석이나 진물 나고
노동의 발목 시리기만 하다
치욕적인 슬픔 속에서도
싹트는 꿈 위해
마음속에 별 하나 새기며
걷는 길, 안개가 짙을수록
내일은 더욱 맑으리
—「마음속 별 하나」 전문

시인은 "오늘 밤안개는/숯덩이 나를 안아"줄 것이라고

노래합니다. 그에게 오늘(현재)은 밤안개가 자욱해서 앞길이 잘 보이지 않지만, 오히려 안개가 자신을 안아서 지켜준다는 것이지요. 숯덩이는 장작이 타고 남은 목탄으로 불완전하게 연소된 탄소 덩어리이지만 일단 불을 붙이면 일반 장작보다 훨씬 고화력을 낼 수 있을 뿐만 아니라 탈취 제습 정수 등 다양한 기능을 가지고 있습니다. 따라서 "숯덩이 나"라는 것은 겉보기와는 달리 매우 소중하고 강력한 자존감의 표현입니다. 밤안개 때문에 잘 보이지 않는 앞길을 더듬어 가면 "안개 걷히는 어디쯤/편히 잠들 집"이 있을 것이라고 믿고 시인은 "마음속 부싯돌 챙기며/어둠을 헤집는" 강렬한 삶의 의지를 드러냅니다. 마음속에 부싯돌을 챙긴다는 것은 캄캄한 절망이나 한계상황에 부딪치게 되더라도 의연히 불꽃을 일으켜 앞길을 찾아 나가겠다는 의지의 표현입니다. 시인이 생각하기에 자신의 삶은 "비루먹은 개 마냥/가난에 쫓기고 엎어져/어느 구석이나 진물 나고/노동의 발목 시리기만"한 것이었습니다. 그러나 그러한 "치욕적인 슬픔 속에서도/싹트는 꿈 위해/마음속에 별 하나 새기며/걷는 길"이 자신의 삶이며, 앞길을 막는 어두운 안개가 짙을수록 내일은 오히려 더욱 맑으리라고 노래합니다.

이상에서 살펴본 것처럼 꽃이 식물의 자기실현이듯이

박경화 시인은 시와 노래로 자신의 삶을 실현하고 있습니다. 때가 되어 낙화하는 꽃을 "절망이 아닌/새로운 부활"(「꽃은 저마다 벼랑에 서 있다」)로 보고, 봄날 "보이지 않는 힘이/죽은 듯 잠들었던/나무를 흔들고/들판을 깨우는"(「시작」) 것이 삶의 세계라고 합니다. 그리고 주변을 따뜻한 긍정의 눈길로 바라보고 "마음속에 빛나는 별 하나 새기며" 걸어가는 빅경화 시인에게 이 시집은 자전적 고백록이자 자신에게 바치는 소리(唱)라고 하겠습니다. 그래서인가 시집을 펼치면 시인의 섬세한 감성으로 부르는 서정의 목소리가 깊고 조용하게 울려옵니다.

만인시인선 85
꽃나비달

초판 인쇄 2024년 4월 20일
초판 발행 2024년 4월 25일

지은이 / 박 경 화
펴낸이 / 박 진 환

펴낸 곳 / 만인사
출판등록 / 1996년 4월 20일 제03-01-306호
주소 / 41960 대구광역시 중구 명륜로 116
전화 / (053)422-0550
팩스 / (053)426-9543
전자우편 / maninsa@daum.net
홈페이지 / www.maninsa.co.kr



ISBN 978-89-6349-186-8 03810

값 12,000원

# 만/인/시/인/선

1. **이하석** 시집 | 高靈을 그리다
2. **박주일** 시집 | 물빛, 그 영원
3. **이동순** 시집 | 기차는 달린다
4. **박진형** 시집 | 풀밭의 담론
5. **이정환** 시집 | 원에 관하여
6. **김선굉** 시집 | 철학하는 엘리베이터
7. **박기섭** 시집 | 하늘에 밑줄이나 긋고
8. **오늘의 시 동인** | 「오늘의 시」 자선집
9. **권국명** 시집 | 으능나무 금빛 몸
10. **문무학** 시집 | 풀을 읽다
11. **황명자** 시집 | 귀단지
12. **조두섭** 시집 | 망치로 고요를 펴다
13. **윤희수** 시집 | 풍경의 틈
14. **장하빈** 시집 | 비, 혹은 얼룩말
15. **이종문** 시집 | 봄날도 환한 봄날
16. **박상옥** 시집 | 허전한 인사
17. **박진형** 시집 | 너를 숨쉰다
18. **정유정** 시집 | 보석을 사면 캄캄해진다
19. **송진환** 시집 | 조롱당하다
20. **권국명** 시집 | 초록 교신
21. **김기연** 시집 | 소리에 젖다
22. **송광순** 시집 | 나는 목수다
23. **김세진** 시집 | 점자블록
24. **박상봉** 시집 | 카페 물땡땡
25. **조행자** 시집 | 지금은 3시
26. **박기섭** 시집 | 엮음 愁心歌
27. **제이슨** 시집 | 테이블 전쟁
28. **김현옥** 시집 | 언더그라운드
29. **노태맹** 시집 | 푸른 염소를 부르다
30. **이하석 외** | 오리 시집
31. **이정환** 시집 | 분홍 물갈퀴
32. **김선굉** 시집 | 나는 오리 할아버지
33. **이경임** 시집 | 프리지아 칸타타
34. **권세홍** 시집 | 능소화 붉은 집
35. **이숙경** 시집 | 파두
36. **이익주** 시집 | 달빛 환상
37. **김현옥** 시집 | 니르바나 카페
38. **도광의** 시집 | 하양의 강물
39. **박진형** 시집 | 풀등
40. **박정남 외** | 대구여성시 20인선집